Trois femmes et un amour

Du même auteur*

Certaines œuvres sont connues sous différents titres.

Romans

Le Roman de la Révolution Numérique
La Faute à Souchon : (Le roman du show-biz et de la sagesse)
Quand les familles sans toit sont entrées dans les maisons fermées
Liberté j'ignorais tant de Toi (Libertés d'avant l'an 2000)
Viré, viré, viré, même viré du Rmi !
Ils ne sont pas intervenus (Peut-être un roman autobiographique)

Théâtre

Neuf femmes et la star
Les secrets de maître Pierre, notaire de campagne
Ça magouille aux assurances
Chanteur, écrivain : même cirque
Deux sœurs et un contrôle fiscal
Amour, sud et chansons
Pourquoi est-il venu :
Aventures d'écrivains régionaux
Avant les élections présidentielles
Scènes de campagne, scènes du Quercy
Blaise Pascal serait webmaster
Trois femmes et un Amour
J'avais 25 ans
« Révélations » sur « les apparitions d'Astaffort » Brel Cabrel

Théâtre pour troupes d'enfants

La fille aux 200 doudous
Les filles en profitent
Révélations sur la disparition du père Noël
Le lion l'autruche et le renard,
Mertilou prépare l'été
Nous n'irons plus au restaurant

* extrait du catalogue, voir page 49

Stéphane Ternoise

Trois femmes et un amour

Sortie numérique : 9 février 2011

Édition revue en mars 2014. Disponible en numérique
et en papier.

Jean-Luc PETIT Editeur - collection Théâtre

Stéphane Ternoise versant dramaturge :

http://www.dramaturge.fr

Tout simplement et logiquement !

Site officiel : http://www.ecrivain.pro

© Jean-Luc PETIT - BP 17 - 46800 Montcuq – France

Stéphane Ternoise

Trois femmes et un amour

Trois personnages : Fanny, Anne et Karine. L'envie de confronter leur amour pour Théo... Et si Anne et Fanny étaient jouées par la même actrice ? Les deux pièces se sont écrites en même temps. Mais qu'Anne et Fanny se croisent on non mène autrement l'intrigue. Deux pièces donc. Où Anne devient Sarah quand elle ressemble "comme deux gouttes d'eau" à Fanny. Et des titres différents pour s'y retrouver dans les représentations.

éoliennes du pas-de-calais

Version 1 : pour trois comédiennes.

Trois femmes au ministère

Comédie féminine en trois actes

Trois comédiennes

Histoire :

Fanny, Anne et Karine ont un point commun : elles ont connu amoureusement l'écrivain, auteur de chansons, auteur pour le théâtre Théo avant sa célébrité et il a utilisé leurs histoires dans ses textes.
Il doit recevoir, des mains du président de la République, la médaille des arts et des lettres. Les trois muses ont été invitées et se retrouvent dans un salon d'attente du ministère de la Culture.

Trois personnages :

Fanny, 43 ans
Anne 40 ans
Karine 45 ans.

Abidjan : se déplacer

Acte 1

Scène 1

Une discussion très amicale entre Fanny et Anne, installées dans de confortables fauteuils. Elles sont habillées d'une manière décontractée et même cool.

Fanny : - Tu vois, si j'étais restée dans le bouddhisme, je n'aurais jamais découvert le rebirth.

Anne : - Mais tu n'as pas l'impression que le rebirth n'est qu'une variante de principes bouddhistes, un remake à la sauce occidentale ?

Fanny : - La respiration consciente, c'est bien autre chose que le zen.

Anne : - Pour l'instant, tout ce que tu m'en as expliqué, j'ai l'impression de termes différents pour la même chose. Mais il est vrai que derrière la notion de zen on met tout et n'importe quoi ici.

Fanny : Peut-être que pour toi, qui vis au cœur du bouddhisme, tu retrouves des similitudes mais ce que j'ai connu ici était très superficiel.

Anne : - Entre Lille et Dharamsala, on peut comprendre que la vie soit différente, donc les motivations aussi.

Entre Karine, très pomponnée.

Karine : - Oh ! Bonjour mesdames… je crois qu'on se connaît de vue sans jamais s'être rencontrées.

Anne et Fanny se lèvent. Karine s'approche.

Fanny : - Bonjour chère Karine (*elles s'embrassent*).
Karine : - Bonjour Fanny.
Anne : Bonjour Karine (*elles s'embrassent*).

Karine : - Bonjour Anne.

Fanny : - Alors, tu es venue !

Karine : - Même s'il a prétendu dans les médias avoir ignoré mon invitation, je crois qu'il souhaite que l'on se reparle (*Anne sourit et Karine s'en aperçoit*). Ce n'est pas ton avis ?

Anne : Si tu es venue avec l'intention de lui parler, tu lui parleras sûrement.

Karine : - C'est bizarre, j'ai l'impression de vous connaître… Théo a tellement mis de nos vies dans ses romans et pièces de théâtre.

Fanny : - C'est toujours surprenant, la manière dont il traduit les choses. Tu te reconnais, toi, Anne, dans ton personnage ?

Anne : Tu sais bien que mon personnage est un peu spécial, il m'a quand même cru morte durant ses vingt premiers livres. On s'est amusés, encore cette nuit, à relire certains des passages me concernant. Et c'est sûrement la force du roman de parfois tomber juste.

Karine : - Tu… tu veux dire que tu étais avec Théo cette nuit ?

Anne, *en souriant* : Depuis quelques semaines nous sommes assez proches.

Karine : - Tu veux dire que c'est la grande histoire d'Amour jadis et naguère fantasmée, celle que vous auriez vécue s'il ne t'avait pas crue morte ?

Anne : Non… c'est sûrement… Théo m'avait bien conseillé une extrême prudence face aux questions des journalistes, c'est un bon entraînement… c'est sûrement une conséquence de mon incapacité à mentir depuis ma sortie du brouillard. On s'était promis « c'est notre secret »… il sait que je repars, il sait que ma vie est là-bas et que la sienne est ici, enfin, en Occident.

Karine : - Je ne crois pourtant pas qu'il soit un homme occidental classique.

Anne : Tu veux dire ?

Karine : - Quand je l'ai vraiment connu, il vivait quand même comme un... sauvage. Oui, il faut dire le mot, dans un de ces taudis. Si vous aviez connu sa maison ! Quand j'ai vu les photos des journalistes qui t'ont retrouvée, dans ton abri à même le sol, ça m'a fait penser que vous devriez bien vous entendre, sur ce point-là.

Anne : Les conditions matérielles n'ont rien à voir là dedans.

Silence

Fanny : - Ça t'avait vraiment choqué alors !

Karine : Pour une fois, il n'a pas exagéré. Il était même en dessous de la vérité. J'avais eu un haut le cœur, une envie de fuir. Je m'étais déjà interrogée en lisant sa pièce de théâtre où il décrivait l'arrivée d'un jeune couple dans un bordel monstre, je redoutais que le décor soit du vécu... Mais là... Comment peut-on vivre ainsi ?

Fanny : - On vit partout.

Karine, *à Anne* : - Tu vis vraiment comme sur les photos parues dans les journaux ?

Anne : Au village, là-bas, oui, comme tout le monde. Quand tu as des responsabilités, même simplement de Lama, quand tu montres la voie, tu ne vas pas vivre autrement que le reste de la population. Personne n'en aurait envie.

Karine : - Mais pourquoi ne restes-tu pas en France alors ? Tu pourrais y enseigner. En plus tu as la nationalité française. Et Théo maintenant a les moyens de t'offrir une maison décente.

Anne : - Théo ne m'a pas proposé de maison ! Il sait. Comme il sait que je reviendrai parfois.

Karine : - Et tu crois qu'il ira te voir ?

Anne : - Il en a naturellement l'envie. Mais même venir à Paris, pour lui, c'est le bout du monde. Il a trouvé son équilibre dans le Quercy. Comme je l'ai trouvé là bas, comme Fanny à Madrid, je crois.

Fanny : - Madrid, je ne sais pas si c'est un endroit aussi important que les vôtres. J'y vis depuis vingt ans, j'y ai un appartement mais, tu sais, je ne peux jamais y rester plus de deux ou trois ans consécutivement. Y'a eu l'Asie, y'a eu l'Afrique… c'est peut-être que je n'ai pas encore trouvé ce point d'équilibre. Ou que l'endroit où je vis n'est pas Essentiel pour moi. Mais c'est vrai que Théo s'y sent bien dans ce Quercy.

Karine, *à Anne* : - Tu y es allée ?… pour voir…

Anne : - Juste six jours.

Fanny : - Et ça doit toujours être le bordel monstre qui a tant effrayé Karine !

Anne : - C'est bien. Tu aimes bien y vivre aussi, d'après Théo.

Fanny : - Il t'a raconté !

Anne : - Ça ne me choque pas que vous preniez du plaisir si vous en avez l'envie.

Karine : - Ah car toi et Théo aussi !

Fanny : - Tu l'apprendras sûrement dans l'un de ses prochains livres, mais, pour nous, ce n'est qu'une manière d'avancer dans la connaissance du Tantra.

Karine : - Tu crois au Tantra ?

Fanny : - L'amour Tantra consiste à irriguer le cerveau puis l'ensemble du corps avec la jouissance sexuelle.

Karine : - Si un jour je croise un homme dont le but n'est pas d'éjaculer, je me pencherai sur le sujet.

Fanny : - Tu en as croisé un mais tu... (*en souriant*)

Karine : - Ce n'est pas parce que ma vie sexuelle a été jetée en pâture, qu'il faut ne retenir que cela, et de toute manière j'assume, je refuse certaines choses. Donc le pays croit que je suis la seule de nous trois à avoir fait l'amour avec lui… et je suis uniquement la seule à l'avoir aimé avant qu'il soit connu.

Fanny, *en souriant* : - Tu peux résumer ainsi ! Tu prépares un livre de souvenirs ?

Karine : - Ne te moque pas de moi… Anne… puisque nous sommes entre nous… Tu as vraiment eu le sida ?

Anne : - Tu prépares vraiment un livre !

Karine : - Non mais j'ai du mal à croire qu'on puisse en guérir.

Anne : - On ne guérit pas du sida. Un jour peut-être il existera un médicament ou même mieux un vaccin… j'aide la recherche quand c'est possible, je suis à son service. Parfois un être réussit, en puisant en lui des forces qu'il ne pouvait pas imaginer avoir. Les scientifiques n'ont rien décelé en moi pouvant expliquer ce qui s'est passé. Le virus était là, plusieurs prises de sang l'ont confirmé et je me sentais vraiment très mal, au bout du rouleau, quand je suis partie.

Karine : - Et avec quoi t'ont-ils sauvée ?

Anne : - De la compassion. Des plantes aussi. Toutes ont depuis été analysées par les scientifiques, sans résultat.

Karine : - Un miracle !

Anne : - J'étais à l'agonie et aujourd'hui, il reste uniquement des anticorps. Ce qui prouve qu'il y a bien eu. Mais ces anticorps malheureusement n'aident pas la recherche.

Karine : - Et pourtant tu ne crois toujours pas en Dieu, le miséricordieux !

Anne : - Je crois en la force de l'esprit. Je crois au présent. Je n'ai pas d'explications sur tout et ça me convient de vivre dans cette incertitude.

Karine : - Pourtant, ce n'était pas un hasard si dans ton état tu es partie en Asie, tu as ressenti un appel.

Anne, *souriant avec une certaine tristesse* : - L'appel... comme tous les junkies te le diront, l'appel de la dope pour trois fois rien et pas coupée, y'a pas de quoi mythifier mon histoire, tu sais. J'étais une jeune paumée qui a cru pouvoir se shooter juste pour le fun. Et naturellement, j'ai plongé comme les autres. Déstabilisée, submergée et coulée en quelques semaines. On croit souvent pouvoir jouer avec le feu sans se brûler.

Karine : - Et tu es vraiment sortie de la drogue ?

Anne, *en souriant* : - Une ex-junkie est toujours une junkie !

Karine : - On dit que l'on ne s'en sort jamais des drogues dures.

Anne : - Disons donc simplement, que je ne consomme plus depuis lors et que je n'en ai plus l'envie.

Karine : - Avec Théo... vous allez avoir un enfant ?

Anne : - Le bouddhisme, même pour un Lama, n'exige pas d'abstinence sexuelle ! Je ne sais pas si c'est une conséquence de ce qui m'est arrivé ou si ce fut toujours ainsi... comme le sujet t'intéresse... je n'ai pas pris de pilule du lendemain... mais il serait étonnant qu'à mon âge mon corps se décide pour la première fois à fabriquer un enfant.

Karine : - Je peux te poser la même question, Fanny ?

Fanny : - Je crois vraiment que tu veux écrire quelque chose, toi ! C'est un sujet qui fait vendre, maintenant, nos vies ! J'ai un stérilet, donc jamais de pilule du lendemain !

Karine : - Je crois qu'elle me suivra toute ma vie, cette pilule du lendemain du 24 décembre.

Fanny : - Je n'ai jamais voulu d'enfant. Je ne suis pas sur terre pour me sacrifier mais pour atteindre la plénitude. (*en souriant à Anne :*) Je veux bien te donner un ovule fécondable si ça t'intéresse mais je n'irai pas plus loin.

Anne : - Si on cherche une mère porteuse, on fera appel à toi !

Fanny : - Je te donne l'ovule et tu te débrouilles ! Je veux bien qu'il me la féconde mais tu m'imagines arrêté neuf mois avec une présence à l'intérieur, et garder les stigmates dans mon corps.

Anne : - Je comprends tes réticences.

Karine : - Vous n'êtes pas des femmes ! Porter les enfants, les élever, c'est notre rôle donné par Dieu.

Le téléphone de Karine sonne.

Karine, *décroche* : - Oui ma puce… Je t'avais demandé de ne pas m'appeler, je te raconterai tout… Non, ce n'est pas encore commencé… Non, ni lui ni le Président… Je suis avec Fanny et Anne, nous parlons de notre sujet préféré… Allez, je t'embrasse ma puce…

Karine : - C'était ma fille.

Fanny : - Juliette, toujours amoureuse de Théo !

Karine : - Elle n'a que 17 ans ! Qui t'a dit qu'elle serait amoureuse de Théo ?

Fanny : - Mon petit doigt !

Karine : - Elle ne l'a rencontré qu'une fois, au salon du livre…

Le téléphone de la pièce sonne.

Karine : - Décidément, c'est la minute des téléphones. Vous croyez qu'on doit décrocher ? Fanny, c'est toi la plus près !

Rideau

17

Acte 2

Les mêmes.

Fanny, *décrochant* : - Oui... Ah bon !... Donc tout ce qui était prévu s'arrête !... C'est une manière de nous signifier de quitter les lieux ?... Pourriez-vous nous en dire plus ?... Merci d'avoir pris la peine de nous prévenir, monsieur le conseiller... Nous vous souhaitons aussi une agréable journée... si possible. (*elle raccroche*)

Karine : - Alors, si j'ai bien compris, ça nous concerne toutes...

Fanny : - Il n'y aura pas de remise de médaille.

Anne, *en souriant* : - Finalement il la refuse ?

Karine : - Tu le savais ?

Anne : - Nous avions évoqué cette possibilité. Mais il trouvait préférable d'accepter en expliquant pourquoi plutôt que de refuser en expliquant pourquoi... Nous n'étions pas d'accord.

Karine : - Alors il la refuse !

Fanny : - Et il s'est passé quelque chose de grave à la tête de l'état.

Anne : - C'est-à-dire ?

Fanny : - Nous l'apprendrons par les médias mais mieux vaut, en tant que proches de Théo, que nous quittions discrètement ce ministère... C'est ce qu'il m'a conseillé, monsieur le conseiller.

Anne : - Quelle connerie il a bien pu faire ?

Karine : - Tu crois qu'il a fait une connerie ?

> *Le portable d'Anne sonne. Elle le prend et à la manière dont elle regarde le numéro qui s'affiche, en se mettant à l'écart, on comprend qu'il s'agit de Théo.*

Anne, *à voix basse mais audible* : - Amour... Oui, on vient juste d'être prévenues... Le conseiller a informé Fanny qu'il s'est passé un truc grave mais on n'en sait pas plus... Quoi !? (*elle porte sa main gauche à la tête... le plus discrètement possible Karine s'approche*) Théo... tu sais bien... On en a parlé... Je viendrai parfois... Tu viendras aussi... Théo, je ne choisis pas entre ces deux choix... Nous savons ce qui est possible et ce qui ne l'est pas... Ce fut merveilleux mais tu sais que ma vie... Tu sais que ça me fait mal... Théo... Elle et toi, vous jouez... Stop Théo, je ne joue pas ! Tu viens de t'isoler pour me proposer « soit on vit ensemble soit je pars à New York avec elle » et pendant ce temps-là, tu ne crois pas qu'elle téléphone au président pour lui balancer « soit tu acceptes je ne sais pas quoi, soit je pars à New York avec lui »... Vous êtes deux grands enfants, Théo... Déjà hier soir, ses moqueries sur son mari n'étaient pas toujours du meilleur goût, même sous le masque de la chansonnette... Un peu immatures... Je te connais quand même... Mais tu te rends compte : tu as déclenché une affaire d'état juste pour me dire que tu m'aimes plus que tout... Théo, je sais pas... je ne sais plus... Si tu avais voulu te faire un coup de pub gigantesque, tu n'aurais pas trouvé mieux ! Les téléphones portables ont dû bien fonctionner ! Je suppose que tu dois déjà tourner en boucle sur le net, arrivant main dans la main avec la première dame de France... Je ne sais pas moi... C'est toi le romancier !... Racontez que vous allez réaliser un album ensemble, que vous preniez des photos pour la pochette !... Oui, j'arrive mais ça ne veut pas dire OUI pour tout... Je t'Aime... (*Anne raccroche*)

Anne, *regardant Fanny et Karine* : - Je vous laisse... Je ne sais pas si vous avez entendu... Je vous résume, qu'au moins ce ne soit pas les médias qui le fassent : Théo et madame la première dame de France étaient sur le point de

19

prendre l'avion pour New York… Elle quittait donc l'Elysée et Théo me fait le coup du « *on vit ensemble ou je pars avec elle.* »

Karine : - Et tu vas donc le rejoindre ?

Anne : - Nous allons parler… Tu vois, une femme bouddhiste peut aussi être emportée par ses sentiments… Allez… les médias vous raconteront une version officielle… (*elle part rapidement, comme électrisée*) Kiss les filles…

Karine : - Mais c'est énorme, tu te rends compte Fanny !

Fanny : - Théo fait de sa vie un roman. Je lui ai toujours reproché d'être trop sentimental, qu'il a tort de croire en l'Amour, de se laisser emporter par l'idéalisation, d'encore croire au couple.

Karine : - Tu ne crois qu'au sexe ?

Fanny : - Mais non, avec Théo on a trouvé un équilibre, on fait l'Amour en plein don de soi. J'ai rarement atteint avec un homme un tel degré de confiance réciproque et d'abandon de soi. Mais il a fallu la construire, cette relation. Quand on s'est retrouvés sur le net, comme tu le sais ça, on s'est d'abord échangé un mail de temps en temps puis c'est devenu plus fréquent. Je suis venue le voir. Et même si tu crois que c'est purement sexuel, car nous avons fait l'amour sur le parking de l'aéroport, ce n'est pas le cas. Tu sais qu'à 20 ans, lui et moi on était restés une heure nos bouches à pas plus qu'un jet de sarbacane comme chantait l'autre, et qu'on ne s'était pas embrassés.

Karine : - Tu l'aimes ?

Fanny : - Bien sûr.

Karine : - Alors, ça te fait mal qu'il envisage ainsi de former un couple avec Anne.

Fanny : - Pour moi, non, ça ne change rien, finalement. C'est pour lui que ça me fait mal.

Karine, *avec un méchant petit sourire* : - Tu es certaine ?

Fanny : - Pour moi, ça ne change rien, j'irai le voir quand je voudrai et plutôt que de faire l'amour à deux on le fera peut-être à trois, ce qui sera au moins aussi agréable.

Karine : - Oh ! Tu...

Fanny : - Pourquoi, pas toi ?

Karine : - Oh ! Comment peux-tu m'imaginer... J'aime les hommes...

Fanny : - Vous n'y comprenez rien avec vos "j'aime."

Karine : - Soit pas désagréable. J'ai autant de raisons que toi d'être blessée. Je pensais pourtant que s'il m'avait invitée c'était une manière de renouer.

Fanny : - Maintenant que tu le croyais vivant dans le grand luxe !

Karine : - Tu es vraiment irritée.

Fanny : - Tu sais, il l'a apprise par les journaux, ton invitation par le ministère.

Karine : - C'est ta version et... (*son téléphone sonne, elle le prend, regarde le numéro*) tiens, qui ça peut bien être ? (*décrochant*) Karine, oui j'écoute... Monsieur le président (*elle part dans le même coin que le fit Anne quelques instants plus tôt*)... Oui monsieur le président... Vous avez raison monsieur le président... Je pense effectivement que vous n'auriez jamais dû lui proposer cet honneur... vous savez (*très joyeuse*) que je suis votre fidèle soutien... La fidélité est aussi pour moi le fondement de toute relation... La capacité de s'engager à long terme ne doit pas être présente dans toutes les âmes... Oui, Dieu en a voulu ainsi pour voir comment nous allons réagir... Oh ! Mais bien sûr monsieur le Président... Je vous attends monsieur le Président... (*elle raccroche tout sourire, dans un rêve ; Fanny l'observe simplement ; silence*)

Karine, *soudain* : - Waouh ! Devine ce qu'il m'arrive.
Fanny : - Je ne suis pas voyante.
Karine : - Tu n'as rien entendu ?
Fanny : - Je n'ai pas pour habitude d'écouter les conversations... mais j'ai saisi quelques mots quand tu semblais enthousiaste et surtout qu'ils revenaient souvent.
Karine : - Le président de la République m'invite en week-end.
Fanny, *en souriant* : - À Venise ? Ou Disney Land ?
Karine, *très fière* : - Au fort de Briançon ! Tu te rends compte, la demeure des Présidents. Tu te rends compte ! S'il me proposait de devenir première dame de France ?
Fanny : - Un président peut rester célibataire.
Karine : - Pas en France ! (*son téléphone sonne de nouveau, elle le regarde, à Fanny :*) Ma fille.

Rideau

Précision : Dans la réalité, il s'agit du fort de Brégançon et non de Briançon.

Acte 3

Les mêmes. Suite.

Karine, *au téléphone* : - Mon Amour… Comment je te fais honte ?… Oui, j'ai une merveilleuse nouvelle à t'annoncer… Mais comment le saurais-tu ?… Et pourquoi te ferais-je honte ? (*à Fanny :*) Je n'y comprends rien ! Ah les enfants ! (*à sa fille :*) Je disais à Fanny… Tu connais Fanny !… Quoi l'amante de Théo ! Qui t'a raconté cela ?… Comment ?… Que je lui passe le bonjour ?… (*à Fanny :*) Tu as le bonjour de ma fille. Vous vous connaissez ?

Fanny, *souriante et un peu gênée* : - On s'est croisées… je crois… (*plus fort :*) Bonjour ma grande. (*se met la main à la bouche comme si elle en avait déjà trop dit*)

Karine : - Tu ne m'avais pas signalé connaître Fanny… Comment ! Excuse-toi ma fille ! (à *Fanny :*) Je ne lui avais pas dit qu'elle a la mère la plus conne du monde. Fanny, tu te rends compte ce qu'elle ose balancer à sa mère !… (*Fanny hausse les épaules d'impuissance*) Bon, alors, on reprend calmement : tu veux parler à Fanny ?… Comment, que je lui avoue que ça te manque ? Mais qu'est-ce que tu racontes, tu as fumé ? Ma fille est folle. Si tu ne t'excuses pas immédiatement, tu es privée de sorties jusqu'en fin d'année… Comment, tu t'en fous, maintenant que Théo part à New York… (*Fanny sent venir le drame et se tord les cheveux de la main droite*) Comment, je suis vraiment conne ! Alors vas-y, dis-moi tout… Oui je te laisse parler sans t'interrompre et sans crier… Non je n'ai pas bu, tu sais bien que je ne bois jamais… Vas-y… Comment ? Tu es l'amante de Théo ! (*Karine tombe dans le canapé… À Fanny :*) Ma fille de 17 ans est l'amante de Théo, 45.

23

Fanny : - C'est de son âge !

Karine : - Quoi, c'est de son âge ? J'ai embrassé mon premier homme à 20 ans et ce fut mon futur mari, le père de ma fille chérie... (*au téléphone*) Non je ne t'ai pas interrompue, je racontais à Fanny... et je suppose que Fanny était au courant... (à *Fanny :*) Tu savais Fanny ?

Fanny : - Forcément !

Karine : - Forcément ! (*au téléphone :*) Forcément ! Qu'elle me répond Fanny, et elle n'a rien fait pour vous en empêcher... Comment c'est votre vie et ça ne me regarde pas ! Tu es mineure... Mais si je t'écoute, vas-y... Bien : je passe le week-end au fort de Briançon... Pas Brias ma fille, Briançon, la demeure historique des présidents de la République... Mais comment le saurais-tu ? (à *Fanny :*) Ma fille voudrait que je devine comment elle sait que je pars pour le fort de Briançon... (*au téléphone :*) Une dépêche AFP ?... Oui, il faudra appeler ton cher père pour qu'il te prenne ce week-end... (*A Fanny :*) Elle me demande comment elle sait ?

Fanny : - Réponds-lui qu'elle peut passer le week-end avec moi.

Karine, *au téléphone* : - Tu peux passer le week-end avec Fanny... Oui je te le promets... Oui, quoiqu'il arrive... Pourquoi me demandes-tu de jurer ? Oui, bien sûr la sortie au musée est annulée... forcément... Oui je te le promets... Oui, devant Fanny, elle est là à côté de moi... Oui, sur la tête de mamie... Voilà, ça te va... Je sais bien que tu as deux portables mais je ne vois pas le rapport... (*A Fanny :*) Théo ne part plus à New York, ils viennent de l'annoncer sur censures.tv (*au téléphone :*) Oui je t'écoute mon amour, mais je voulais que Fanny sache qu'on parle de tout ça sur le net et que tu suis tout en direct... (*Karine pâlit, retient ses larmes*) Comment ? Non... Ce n'est pas possible... Oh ! Non... Oui j'ai promis, fais ce que tu veux… Ce n'est vraiment pas ma journée… Pardon ma fille de m'être mise en colère… Tu me pardonnes ?… Tu sais, il n'y a que toi qui comptes dans ma vie… Je t'embrasse ma fille… Je t'aime ma Juliette… Comment ?… et sa femme est revenue, ce ne serait qu'une mise en scène pour annoncer le prochain album de madame la première dame avec des paroles de Théo… C'est bien ce que tu viens de me dire, mon Amour… (*de plus en plus abattue*) Fanny, tu veux bien me pincer.

Fanny, *perplexe, s'approche* : - Voilà.

Karine : - Merci Fanny. (*au téléphone :*) Fanny vient de me pincer, ce n'est malheureusement pas un cauchemar. Ma fille demande à quelle heure tu passes la prendre.

Fanny : - 18 heures.

Karine, *au téléphone* : - Lui dire quoi ? Te prendre, quoi tu en mouilles d'envie ? (*Fanny se cache les yeux de la main droite*) Ah c'est à comprendre au sens figuré… Oui ma fille, il faut prendre soin de ta pauvre mère, je suis une vieille femme… Je crois bien avoir pris 20 ans aujourd'hui… oui j'attends… Un rebondissement ?… Tu en es certaine ?… Tu n'as que 17 ans ma fille, ce n'est pas grave… à ce soir ma fille, je t'aime… (*elle raccroche*)

Karine : - Ce n'était pas le Président de la République mais un imitateur. Je suis passée en direct sur censures.tv, la célèbre TV sans censure que ma fille suivait sur son deuxième portable.

Fanny : - Pauvre pi chounette !

Karine : - Tu veux dire, d'avoir une mère comme moi.

Fanny : - Ses copines vont lui en faire voir. On est cruelle, quand on a dix-sept ans.

Karine : - Et mes parents, qu'est-ce qu'ils vont encore penser de moi ?

Fanny : - Déjà qu'ils…

Karine : - Oui, m'avaient traitée de… quand j'ai quitté mon mari…

Fanny : - Pauvre Karine !

Karine : - On venait juste de se réconcilier, avec mes parents. Et le président a retrouvé sa femme et tout s'est terminé par le champagne à l'Elysée. Avec Théo arrivant main dans la main avec sa nouvelle compagne… Tu as deviné qui ?…

Fanny : - Hé oui !

Karine : - Et ils vont se marier, oui, Anne et Théo !

Fanny : - Se marier ! Mais comme moi il a toujours considéré cette institution stupide, bourgeoise, misogyne.

Karine : - Ils vont se marier, ma puce en avait des larmes dans la voix. Cette satanée Anne l'a déclaré aux micros qui se tendaient à leur arrivée à l'Elysée.

Fanny : - L'Amour est plus fort que tout.

Karine : - Ça dépend pour qui.

Rideau - Fin

Demande d'autorisation pour représentations sur
http://www.ternoise.fr

Version 2 : pour deux comédiennes.

Trois femmes et un amour

Comédie féminine en trois actes

Comédie pour deux comédiennes.

Histoire :

Fanny, Sarah et Karine ont un point commun : avoir connu amoureusement l'écrivain Théo avant sa célébrité (il a utilisé leurs histoires dans ses textes).
Fanny et Sarah ont un autre point en commun : elles se ressemblent "comme deux gouttes d'eau", mais Fanny est brune tandis que Sarah est rousse.
Théo doit recevoir, des mains du président de la République, la médaille des arts et des lettres. Les trois muses ont été invitées et l'action se déroule dans un salon d'attente du ministère de la Culture.

Trois personnages :
Karine 45 ans.
Sarah 40 ans, très hippie, jusqu'aux fleurs dans les cheveux.
Fanny, 43 ans, en jeans.
Sarah et Fanny sont jouées par la même comédienne.

Cahors
Oeuvre Henri Martin

Acte 1

Scène 1

Karine, en tailleur, très pomponnée, est installée dans l'un des confortables fauteuils. Elle rêvasse et soliloque.

Karine : - Ah ! Théo ! Mon cher Théo ! Qui aurait pu prévoir quand nous étions au collège ! J'étais l'intellectuelle. Et lui n'existait pas ! Avec son air bizarre de petit enfant sauvage, pas un prof n'aurait parié ses vacances, même celles de Pâques, sur Théo l'insignifiant, l'invisible... Le destin est vraiment curieux... Ah ! Théo ! Et il était amoureux d'un amour impossible ! (*très souriante, nostalgique... silence*) Toujours son besoin de réécrire la réalité. Il aurait appris par les médias mon invitation !... Oui, il doit être fatigué de ses starlettes. Je lui avais écrit qu'un jour on se retrouverait. Il doit s'en être souvenu. Je ne pensais pas qu'on se retrouverait aussi vite, je nous imaginais ensemble dans l'autre vie... Et voilà, moi, petite Karine montée à Paris de sa province, je suis au ministère de la Culture. Ah ! Si notre prof de math préféré voyait cela !... Va-t-il m'offrir un diamant ?... Au moins de cinq carats ! Maintenant qu'il en a les moyens, il doit me montrer son Amour éternel d'une manière éclatante... Finir ma vie avec lui... Ce serait un sacré rebondissement. Je m'étais promis de ne jamais me remarier, Théo crache sur le mariage, mais comme ce serait beau, qu'on se dise OUI dans la petite église de ma communion. À force de le répéter, j'en suis persuadée : j'étais déjà amoureuse de lui à 13 ans...

Entre Sarah, très cool.

Sarah : - Oh miss Karine ! Tu es venue !

Karine : - Ah ! Bonjour Sarah ... je crois qu'on se connaît de vue sans jamais s'être rencontrées.
Karine se lève et va vers Sarah, l'embrasse.

Karine : - Bonjour Sarah.
Sarah : - Salut chère Karine.

Karine : - Tu es surprise que je sois venue !
Sarah : - Surprise n'est peut-être pas le bon terme.
Karine : - Même s'il a prétendu dans les médias avoir ignoré mon invitation, je crois qu'il souhaite que l'on se reparle (*Sarah sourit et Karine s'en aperçoit*). Ce n'est pas ton avis ?
Sarah : - Si tu es venue avec l'intention de lui parler, tu lui parleras sûrement.
Karine : - Je t'avoue que moi aussi je suis surprise de te voir ici... Tu vas te présenter comme ça devant le président ?
Sarah : - Tu vises ma montre, tu ne la trouves pas suffisamment chic ? (*elle tend le bras*)
Karine, *sourit* : - Tu n'as pas vraiment le style palais officiels ! Tu n'as pas peur de gêner Théo ?
Sarah : - Gêner Théo !
Karine : - Ils ont dû te demander tes papiers à l'entrée.
Sarah : - Même pas ! Notre cher ministre de la Culture a eu la gentillesse de passer me prendre, donc en arrivant dans sa voiture, j'ai même été accueillie avec trop d'exagérations protocolaires.
Karine : - Tu connais le ministre !
Sarah : - Oh tu sais, il suffit de se croiser la veille pour devenir pote dans ce milieu ! Ça reste superficiel.
Karine : - Et tu l'as croisé hier !
Sarah : - Juste quelques minutes !
Karine : - Je suis montée à Paris depuis quinze ans et je

vais rencontrer pour la première fois des officiels, et toi tu débarques, tu deviens amie avec le ministre de la culture !

Sarah : - Un ministre est un être humain ordinaire.

Karine : - C'est bizarre, j'ai l'impression de te connaître… Y'a que toi pour répondre « un être humain ordinaire »… Théo a tellement mis de nos vies dans ses romans et pièces de théâtre.

Sarah : Tu sais bien que mon personnage est un peu spécial, il m'a quand même crue morte durant ses vingt premiers livres. On s'est amusés, encore cette nuit, à relire certains de ses passages me concernant. Et c'est sûrement la force du roman de parfois tomber juste.

Karine : - Tu… tu veux dire que tu étais avec Théo cette nuit ?

Sarah, *en souriant* : Depuis quelques semaines nous sommes assez proches.

Karine : - Tu veux dire que c'est la grande histoire d'Amour qu'il a fantasmée, celle que vous auriez vécue s'il ne t'avait pas crue morte ?

Sarah : Non… c'est sûrement… Théo m'avait bien conseillé une extrême attention aux questions des journalistes, c'est un bon entraînement… c'est sûrement une conséquence de mon incapacité à mentir depuis ma sortie du brouillard. On s'était promis « *c'est notre secret* »… Même notre cher ministre n'est pas dupe et me taquinait… oui, il est passé hier soir à l'hôtel, tu vois même pour une banalité, impossible de maquiller la vérité… mais Théo sait que je repars, il sait que ma vie est là-bas et la sienne ici, enfin, en Occident.

Karine : - Je ne suis pas certaine qu'il soit un homme occidental classique, « ordinaire. »

Sarah : Tu veux dire ?

Karine : - Quand je l'ai vraiment connu, il vivait quand même comme un… sauvage. Oui, il faut oser le mot, dans un de ces taudis. Si tu avais connu sa maison ! Quand j'ai vu les photos des journalistes qui t'ont retrouvée, dans ton abri à même le sol, ça m'a fait penser que vous devriez bien vous entendre, sur ce point-là.

Sarah : Les conditions matérielles n'ont rien à voir là-dedans.

Silence

Karine : - Ça m'avait vraiment choquée ! Pour une fois, il n'exagérait pas, il était même en dessous de la vérité. J'avais eu un haut le cœur, une envie de fuir. Je m'étais déjà interrogée en lisant sa pièce de théâtre où il décrivait l'arrivée d'un jeune couple dans un bordel monstre, je redoutais que le décor soit du vécu... Mais là... En plus une odeur entre moisi et renfermé... Comment peut-on vivre ainsi ? Je ne l'ai toujours pas compris.

Sarah : - On vit partout.

Karine : - Tu vivais vraiment comme sur les photos parues dans la presse ? Ou c'était une mise en scène misérabiliste ?

Sarah : Au village, là-bas, oui, comme tout le monde. Quand tu as des responsabilités, même simplement de Lama, quand tu montres la voie, tu ne peux pas vivre autrement que le reste de la population. D'ailleurs personne n'y penserait, celui qui a plus, partage.

Karine : - Et à force de partager, tout le monde reste dans la misère. C'est le problème de l'Afrique et de l'Asie. Nos aides ne servent à rien tant qu'ils ne voudront pas développer leur économie, créer un véritable marché, tu ne crois pas ?

Sarah : - Ta réponse est très occidentale.

Karine : - Mais pourquoi tu ne restes pas en France alors ? Tu pourrais y enseigner. En plus tu as la nationalité française. Et Théo a maintenant les moyens de t'offrir une maison décente.

Sarah : - Théo ne m'a pas proposé de maison ! Il sait. Comme il sait que je reviendrai parfois.

Karine : - Et tu crois qu'il ira te voir ?

Sarah : - Il en a naturellement une grande envie. Mais même venir à Paris, pour lui, c'est le bout du monde. Il est plus paumé que moi dans le métro ! Il a trouvé son équilibre dans le Quercy. Comme je l'ai trouvé là-bas.

Karine : - Tu y es allée ?... Dans son Quercy ?... Pour voir...

Sarah : - Seulement six jours.

Karine : - Il a encore ses poules, ses oies, ses canards ?

Sarah : - C'est presque le paradis ! (*Karine est dépitée de cette réponse*)

Karine : - Sarah... puisqu'on est entre nous... Tu as vraiment eu le sida ?

Sarah : - Tu prépares un livre ?

Karine : - Non mais j'ai du mal à croire qu'on puisse en guérir.

Sarah : - On ne guérit pas du sida. Un jour peut-être il existera un médicament ou même mieux un vaccin... J'aide la recherche quand c'est possible, je suis à son service. Parfois un être réussit, en puisant en lui des forces qu'il ne pouvait pas imaginer avoir. Les scientifiques n'ont rien décelé en moi pouvant expliquer ce qui s'est passé. Le virus était là, plusieurs prises de sang l'ont confirmé et je me sentais vraiment très mal quand je suis partie.

Karine : - Et avec quoi t'ont-ils sauvée ?

Sarah : - De la compassion. Des plantes aussi. Toutes ont depuis été analysées par les scientifiques, sans résultat.

Karine : - Un miracle !

Sarah : - J'étais à l'agonie et aujourd'hui, il reste uniquement des anticorps. Ce qui prouve qu'il y a bien eu.

Mais ces anticorps malheureusement n'aident pas la recherche.

Karine : - Et pourtant tu ne crois toujours pas en Dieu !

Sarah : - Je crois en la force de l'esprit. Je crois au présent. Je n'ai pas d'explications sur tout et ça me convient de vivre dans cette incertitude.

Karine : - Pourtant, ce n'était pas un hasard si dans ton état tu es partie en Asie, tu as ressenti un appel.

Sarah, *souriant avec une certaine tristesse* : - L'appel... comme tous les junkies te le diront, l'appel de la dope pour trois fois rien et pas coupée, y'a pas de quoi mythifier mon histoire, tu sais. J'étais une jeune paumée qui a cru pouvoir se shooter juste pour le fun. Et naturellement, j'ai plongé comme les autres. Déstabilisée, submergée et coulée en quelques mois. On croit toujours être plus fort que les autres quand on joue avec le feu, pour la drogue comme pour le reste.

Karine : - Et tu es vraiment sortie de la drogue ?

Sarah, *en souriant* : - Une ex-junkie est toujours une junkie !

Karine : - On dit que l'on ne s'en sort jamais, des drogues dures.

Sarah : - Disons donc simplement, que je ne consomme plus depuis lors et je n'en ai plus l'envie.

Karine : - Avec Théo... vous allez avoir un enfant ?

Sarah : - Le bouddhisme, même pour un Lama, n'exige pas d'abstinence sexuelle ! Je ne sais pas si c'est une conséquence de ce qui m'est arrivé ou si ce fut toujours ainsi... mais puisque le sujet t'intéresse... je n'ai jamais pris de pilule du lendemain...

Karine : - Je crois qu'elle me suivra toute ma vie, cette pilule du lendemain du 24 décembre.

Sarah : - Il serait étonnant qu'à mon âge mon corps se décide pour la première fois à fabriquer un enfant.

Le téléphone de la pièce sonne.

Karine : - Tu crois qu'on doit décrocher ? Comme c'est moi la plus proche !

Rideau

Acte 2

Les mêmes.

Karine, *décrochant* : - Oui… Oui, Karine… Oh !… Donc tout ce qui était prévu s'arrête ?… C'est une manière de nous signifier de quitter les lieux ?… Pourriez-vous nous en dire plus ?… Merci monsieur le conseiller… Merci… Je vous souhaite aussi une agréable journée… (*elle raccroche*)

Karine : - Il n'y aura pas de remise de médaille.

Sarah, *en souriant* : - Finalement il la refuse ?

Karine : - Tu le savais ?

Sarah : - Nous avions évoqué cette possibilité. Mais il considérait préférable d'accepter en expliquant pourquoi plutôt que de refuser en expliquant pourquoi… Nous n'étions pas d'accord.

Karine : - Apparemment il s'est passé quelque chose de grave à la tête de l'état.

Sarah : - C'est à dire ?

Karine : - Nous l'apprendrons par les médias mais il vaut mieux, en tant que proches de Théo, quitter discrètement ce ministère… Ce sont les propos du conseiller.

Sarah : - Quelle connerie il a bien pu faire ?

Karine : - Tu crois qu'il a fait une connerie ?

> *Le portable de Sarah sonne. Elle le prend et à la manière dont elle regarde le numéro qui s'affiche, en se mettant à l'écart, on comprend qu'il s'agit de Théo.*

Sarah, *à voix basse mais audible* : - Amour… Oui, on vient juste d'être prévenues… Un conseiller vient d'apprendre à Karine qu'il s'était passé un truc grave mais on n'en sait pas plus… Quoi !? (*abattue, elle porte la main gauche au front... le plus discrètement possible Karine s'approche*) Théo... tu sais bien... On en a parlé... Je viendrai parfois... Tu viendras aussi... Théo, je ne choisis pas entre ces deux choix... Nous savons ce qui est possible et ce qui ne l'est pas... Ce fut merveilleux mais tu sais que ma vie... Tu sais que ça me fait mal... Théo... Elle et toi, vous jouez... Stop Théo, je ne joue pas ! Tu viens de t'isoler pour me proposer « *soit on vit ensemble soit je pars à New York avec elle* » et pendant ce temps-là, tu crois pas qu'elle téléphone au président pour lui balancer « *soit tu acceptes je ne sais pas quoi, soit je pars à New York avec lui* »... Vous êtes deux grands enfants, Théo... Déjà hier soir, ses moqueries sur son mari n'étaient pas toujours du meilleur goût, même sous le masque de la chansonnette... Un peu immatures... Je te connais quand même... Mais tu te rends compte : tu as déclenché une affaire d'état juste pour me dire que tu m'aimes plus que tout... Théo, je sais pas... je ne sais plus... Si tu avais voulu te faire un coup de pub gigantesque, tu n'aurais pas trouvé mieux ! Les téléphones portables ont dû bien fonctionner ! Je suppose que tu dois déjà tourner en boucle sur le net, arrivant main dans la main avec la première dame de France... Je ne sais pas moi... C'est toi le romancier !... Racontez que vous allez réaliser un album ensemble, que vous preniez des photos pour la pochette !... Oui, j'arrive mais ça ne veut pas dire OUI pour tout... Je t'Aime... (*Sarah raccroche*)

Sarah, *à Karine* : - Je te laisse... Je ne sais pas si tu as entendu... Je te résume, qu'au moins ce ne soit pas les médias qui le fassent : Théo et madame la première dame étaient sur le point de prendre l'avion pour New York... Elle quittait l'Elysée et Théo me fait le coup du « *on vit ensemble ou je pars avec elle.* »

Karine : - Et tu vas donc le rejoindre.

Sarah : - On va encore parler... Tu vois, une femme bouddhiste peut aussi être emportée par ses sentiments... Allez... les médias raconteront une version officielle !... (*elle part rapidement, comme électrisée*) Kiss...

Karine, *s'effondre dans le fauteuil* : - Mais c'est énorme !... Pourquoi ça tombe sur elle, tout ce bonheur...

> *Karine regarde autour d'elle, triste et désespérée, au bord des larmes.*

Karine : - Même du whisky ! Peu importe ce qu'il y a je vais goûter. (*en souriant*) Comme dit mon frère : l'alcool éloigne de nous trois grands maux : la peur, la douleur et la lucidité... Si j'ose l'ouvrir ce bar. J'aurai l'air très distinguée si une alarme se déclenche. Pique-assiettes !... Sarah la folle qui part rejoindre Théo !... et je n'aurais même pas un souvenir à raconter à ma petite. Allez ! De toute manière, si le conseiller s'amène, je lui répondrai "*Sarah est partie en me criant sers-toi un verre*", elle est quand même pote avec le ministre !

> *Karine se lève, va au bar, l'ouvre, sourit, sort un verre, une bouteille, se sert un verre...*

Karine : - Quand même mieux que du whisky !... Mes gammas vont monter, ma prise de sang sera mauvaise mais peu importe !

> *Karine a bu trois petites gorgées, quand entre Fanny.*

Fanny : - À ta santé, Karine !

Karine : - Oups ! Fanny ! Si tu savais !

> *Karine va vers elle....*

Karine : - Ah Fanny ! On ne s'est jamais vues mais il faut que l'on s'embrasse. J'en ai à te raconter !

Fanny : - Bonjour Karine (*elles s'embrassent*).

Karine : - Si tu savais !

Fanny : - J'ai croisé Sarah... Elle m'a crié "*Miss Karine va te raconter.*"

Karine : - Miss, miss… c'est plutôt elle la miss, mystique et mystérieuse, la miss toc, la miss toquée.

Fanny : - Mystérieuse ?

Karine : - C'est énorme ! Enorme !.. Tu l'avais déjà rencontrée ou croisée, Sarah ?

Fanny : - Je la connaissais... comme je te connais...

Karine : - D'abord je te sers un verre, tu en auras besoin ! (*elle va vers le bar, en sort un verre*) Tu prends comme moi ?

Fanny : - Ça ne m'a pas l'air d'être du jus de tomates bios !

Karine : - C'est un bar ! Tu es vraiment végétarienne et tout ?

Fanny : - Et tout !

Karine : - Oh, du jus d'ananas... Je t'ouvre la bouteille ?

Fanny : - Si tu en as l'autorisation.

Karine : - Sarah était pote avec le ministre... enfin hier soir... (*elle ouvre la bouteille et sert Fanny*) car depuis... alors maintenant ?... Enorme, je te disais.

Fanny : - Je t'écoute.

Karine : - D'abord c'est ce téléphone qui a sonné. J'ai décroché et un conseiller m'a appris qu'il n'y aurait pas de remise de médaille, me laissant sous-entendre un événement gravissime à la tête de l'état. Et qu'en tant que proches de Théo, quitter discrètement ce ministère serait préférable.

Fanny : - Quelque chose de grave ?

Karine : - Ce n'est pas fini ! Deux minutes plus tard,

c'était au tour du téléphone de Sarah de sonner. Elle a eu beau se mettre à l'écart et parler tout doucement, j'ai bien compris. Et les propos de Théo, car c'était lui qui l'appelait, ce scélérat, Sarah me les a résumés.

Fanny, *en souriant* : - Scélérat !

Karine : - Oui, scélérat. Théo et madame la première dame de France étaient sur le point de prendre l'avion pour New York... Elle quittait l'Elysée et Théo faisait à Sarah le coup du « *on vit ensemble ou je pars avec elle.* » Car Sarah, depuis quelques semaines, je te l'apprends aussi, coule des jours heureux avec Théo.

Fanny : - Il part pour New York ?

Karine : - Je crois surtout que c'était pour convaincre Sarah de vivre avec lui ! Tu l'aurais entendue : "*Théo... tu sais bien... On en a parlé... Je viendrai parfois... C'était merveilleux mais tu sais que ma vie est là-bas... Tu sais que ça me fait mal...*" Comme elle me faisait souffrir sans s'en apercevoir ! Et puis tout d'un coup, elle le connaît quand même bien, tu sais ce qu'elle lui balance ?

Fanny, *très troublée* : - Je t'écoute.

Karine : - "*Sa femme et toi vous jouez... Stop Théo, je ne joue plus ! Tu viens de t'isoler pour me dire « soit on vit ensemble soit je pars à New York avec elle » et pendant ce temps-là, elle téléphone à son mari pour lui dire « soit tu acceptes je ne sais pas quoi, soit je pars à New York avec lui »... Vous êtes deux grands enfants, Théo...* " Tu te rends compte Fanny !

Fanny : - Je vois. Moi aussi il m'avait joué un coup comme ça, en fait c'est sa manière un peu particulière de vérifier nos sentiments, voir ce qu'elle a dans le ventre. Pour savoir s'il doit continuer ou tirer un trait. Mais là, il a fait fort !

Karine : - Tu te rends compte, il a déclenché une affaire d'état juste pour lui dire qu'il m'aime, qu'il l'aime ! Oh le

lapsus ! Le pire c'est qu'avant de raccrocher, elle lui a susurré, je l'aurais giflée, elle lui a susurré *"Je t'Aime."*
Fanny : - Ce n'est pas surprenant !

Le téléphone de Karine sonne.

Karine, *décroche* : - Oui ma puce… Je t'avais demandé de ne pas m'appeler, je te raconterai tout… Non, ce n'est pas encore commencé… Je suis avec Fanny, je te raconterai… Allez, je t'embrasse ma puce…

Karine : - C'était ma fille. Je ne pouvais quand même pas lui raconter un truc pareil !

Fanny : - Juliette, toujours amoureuse de Théo !
Karine : - Elle n'a que 17 ans ! Qui t'a dit qu'elle serait amoureuse de Théo ?
Fanny : - Mon petit doigt !
Karine : - Elle ne l'a rencontré qu'une fois, au salon du livre…

Fanny : - Théo fait de sa vie un roman. Je lui ai toujours reproché d'être trop sentimental, d'avoir tort de croire en l'Amour, de se laisser emporter par l'idéalisation, d'encore croire au couple.
Karine : - Tu ne crois qu'au sexe ?
Fanny : - Mais non, avec Théo on avait trouvé un équilibre, on fait l'Amour en plein don de soi. J'ai rarement atteint avec un homme un tel degré de confiance réciproque et d'abandon de soi.
Karine : - Tu veux dire que toi aussi avec Théo...
Fanny : - Mais il a fallu la construire, cette vraie relation. Quand on s'est retrouvés sur le net, comme tu le sais ça, on s'est d'abord échangés un mail de temps en temps puis c'est devenu plus fréquent. Je suis venue le voir. Et même si tu crois que c'est purement sexuel car nous avons fait l'amour sur le parking de l'aéroport, ce n'est pas le cas.

Karine : - Décidément, Théo et les aéroports...

Fanny : - Tu sais qu'à 20 ans, lui et moi on était restés une heure nos bouches à pas plus d'un jet de sarbacane comme chantait l'autre, et qu'on ne s'était pas embrassés (*en souriant*) à l'aéroport de Lille-Lesquin.

Karine : - Tu l'aimes encore ?

Fanny : - Bien sûr.

Karine : - Alors, ça te fait mal qu'il envisage ainsi de former un couple avec Sarah.

Fanny : - Pour moi, non, ça ne change rien, finalement. C'est pour lui que ça me fait mal.

Karine, *avec un méchant petit sourire* : - Tu en es certaine ?

Fanny : - Parfaitement.

Karine : - Tu n'as pas un peu l'impression qu'il a toujours cherché en toi cette ressemblance extraordinaire que tu as avec Sarah ?

Fanny : - On ne se ressemble pas.

Karine, *souriant* : - Elle est rousse et toi brune mais c'est la même morphologie, presque le même visage.

Fanny : - C'est un peu comme de prétendre tous les chinois ou tous les africains se ressemblent.

Karine : - Donc cette histoire entre Sarah et Théo ne te cause aucune émotion...

Fanny : - Pour moi, ça ne change rien, j'irai le voir quand je voudrai et plutôt que de faire l'amour à deux on le fera peut-être à trois, ce qui sera au moins aussi agréable.

Karine : - Oh ! Tu...

Fanny : - Pourquoi, pas toi ?

Karine : - Oh ! Comment peux-tu m'imaginer... J'aime les hommes...

Fanny : - Vous ne comprenez rien avec vos "*j'aime.*"

Karine : - Soit pas irritée. J'ai autant de raisons que toi

d'être blessée. Je pensais pourtant que son invitation était une manière de renouer.

Fanny : - Maintenant que tu le croyais vivant dans le grand luxe !

Karine : - Tu es vraiment irritée.

Fanny : - Tu sais, il l'a apprise par les journaux, ton invitation par le ministère.

Karine : - C'est ta version et... (*son téléphone sonne de nouveau, elle le prend, regarde le numéro*) tiens, qui cela peut-il bien être ? (*décrochant*) Karine, oui j'écoute... Monsieur le président (*elle part dans le même coin que le fit Sarah quelques instants plus tôt*)... Oui monsieur le président... Vous avez raison monsieur le président... Je pense effectivement que vous n'auriez jamais dû lui proposer cet honneur... vous savez (*très joyeuse*), je suis votre fidèle soutien... La fidélité est aussi pour moi le fondement de toute relation... La capacité de s'engager à long terme ne doit pas être présente dans toutes les âmes... Oui, Dieu en a voulu ainsi pour voir comment nous allions réagir... Oh ! Mais bien sûr monsieur le Président... Je vous attends monsieur le Président... (*elle raccroche et silence*)

Karine : - Whaou ! Devine ce qu'il m'arrive.

Fanny : - Je ne suis pas voyante.

Karine : - Tu n'as rien entendu ?

Fanny : - Je n'ai pas pour habitude d'écouter les conversations... mais j'ai saisi quelques mots quand tu semblais enthousiaste et surtout qu'ils revenaient souvent.

Karine : - Le président de la République m'invite en week-end.

Fanny, *en souriant* : - À Venise ? Ou Disneyland ?

Karine, *très fière* : - Au fort de Briançon ! Tu te rends compte, la demeure des Présidents. Tu te rends compte ! S'il me proposait de devenir première dame de France ?

Fanny : - Un président peut être célibataire.

Karine : - Pas en France ! (*son téléphone sonne de nouveau, elle le regarde, à Fanny :*) Ma fille.

Rideau

Précision : Dans la réalité, il s'agit du fort de Brégançon et non de Briançon.

Acte 3

Les mêmes. Suite.

Karine, *au téléphone* : - Mon Amour... Comment je te fais honte ?... Oui, j'ai une merveilleuse nouvelle à t'annoncer... Mais comment le saurais-tu ?... Et pourquoi te ferais-je honte ? (*à Fanny :*) Je n'y comprends rien ! Ah les enfants ! (*à sa fille :*) Je disais à Fanny... Tu connais Fanny !... Quoi l'amante de Théo ! Qui t'a raconté cela ?... Comment ?... Que je lui passe le bonjour ?... (*à Fanny :*) Tu as le bonjour de ma fille. Vous vous connaissez ?

Fanny, *souriante et un peu gênée* : - On s'est croisées... je crois... (*plus fort :*) Bonjour ma grande. (*se met la main à la bouche comme si elle en avait déjà trop dit*)

Karine : - Tu ne m'avais pas signalé connaître Fanny... Comment ! Excuse-toi ma fille ! (à *Fanny :*) Je ne lui avais pas dit qu'elle a la mère la plus conne du monde. Fanny, tu te rends compte ce qu'elle ose balancer à sa mère !... (*Fanny hausse les épaules d'impuissance*) Bon, alors, on reprend calmement : tu veux parler à Fanny ?... Comment, que je lui avoue que ça te manque ? Mais qu'est-ce que tu racontes, tu as fumé ? Ma fille est folle. Si tu ne t'excuses pas immédiatement, tu es privée de sorties jusqu'en fin d'année... Comment, tu t'en fous, maintenant que Théo part à New York... (*Fanny sent venir le drame et se tord les cheveux de la main droite*) Comment, je suis vraiment conne ! Alors vas-y, dis-moi tout... Oui je te laisse parler sans t'interrompre et sans crier... Non je n'ai pas bu, tu sais bien que je ne bois jamais... Vas-y... Comment ? Tu es l'amante de Théo ! (*Karine tombe dans le canapé... À Fanny :*) Ma fille de 17 ans est l'amante de Théo, 45.

45

Fanny : - C'est de son âge !

Karine : - Quoi, c'est de son âge ? J'ai embrassé mon premier homme à 20 ans et ce fut mon futur mari, le père de ma fille chérie... (*au téléphone*) Non je ne t'ai pas interrompue, je racontais à Fanny... et je suppose que Fanny était au courant... (*à Fanny :*) Tu savais Fanny ?

Fanny : - Forcément !

Karine : - Forcément ! (*au téléphone :*) Forcément ! Qu'elle me répond Fanny, et elle n'a rien fait pour vous en empêcher... Comment c'est votre vie et ça ne me regarde pas ! Tu es mineure... Mais si je t'écoute, vas-y... Bien : je passe le week-end au fort de Briançon... Pas Brias ma fille, Briançon, la demeure historique des présidents de la République... Mais comment le saurais-tu ? (à *Fanny :*) Ma fille voudrait que je devine comment elle sait que je pars pour le fort de Briançon... (*au téléphone :*) Une dépêche AFP ?... Oui, il faudra appeler ton cher père pour qu'il te prenne ce week-end... (*A Fanny :*) Elle me demande comment elle sait ?

Fanny : - Réponds-lui qu'elle peut passer le week-end avec moi.

Karine, *au téléphone* : - Tu peux passer le week-end avec Fanny... Oui je te le promets... Oui, quoiqu'il arrive... Pourquoi me demandes-tu de jurer ? Oui, bien sûr la sortie au musée est annulée... forcément... Oui je te le promets... Oui, devant Fanny, elle est là à côté de moi... Oui, sur la tête de mamie... Voilà, ça te va... Je sais bien que tu as deux portables mais je ne vois pas le rapport... (*A Fanny :*) Théo ne part plus à New York, ils viennent de l'annoncer sur censures.tv (*au téléphone :*) Oui je t'écoute mon amour, mais je voulais que Fanny sache qu'on parle de tout ça sur le net et que tu suis tout en direct... (*Karine pâlit, retient ses larmes*) Comment ? Non... Ce n'est pas possible... Oh ! non... Oui j'ai promis, fais ce que tu veux… Ce n'est vraiment pas ma journée… Pardon ma fille de m'être mise en colère… Tu me pardonnes ?... Tu sais, il n'y a que toi qui comptes dans ma vie… Je t'embrasse ma fille… Je t'aime ma Juliette… Comment ?... et sa femme est revenue, ce ne serait qu'une mise en scène pour annoncer le prochain album de madame la première dame avec des paroles de Théo… C'est bien ce que tu viens de me dire, mon Amour… (*de plus en plus abattue*) Fanny, tu veux bien me pincer.

Fanny*, perplexe, s'approche* : - Voilà.

Karine : - Merci Fanny. (*au téléphone :*) Fanny vient de me pincer, ce n'est malheureusement pas un cauchemar. Ma fille demande à quelle heure tu passes la prendre.

Fanny : - 18 heures.

Karine, *au téléphone* : - Lui dire quoi ? Te prendre, quoi tu en mouilles d'envie ? (*Fanny se cache les yeux de la main droite*) Ah c'est à comprendre au sens figuré… Oui ma fille, il faut prendre soin de ta pauvre mère, je suis une vieille femme… Je crois bien avoir pris 20 ans aujourd'hui… oui j'attends… Un rebondissement ?... Tu en es certaine ?... Tu n'as que 17 ans ma fille, ce n'est pas grave… à ce soir ma fille, je t'aime… (*elle raccroche*)

Karine : - Ce n'était pas le Président de la République mais un imitateur. Je suis passée en direct sur censures.tv, la célèbre TV sans censure que ma fille suivait sur son deuxième portable.

Fanny : - Pauvre pitchounette !

Karine : - Tu veux dire, d'avoir une mère comme moi.

Fanny : - Ses copines vont lui en faire voir. On est cruelle, quand on a dix-sept ans.

Karine : - Et mes parents, qu'est-ce qu'ils vont encore penser de moi ?

Fanny : - Déjà qu'ils…

Karine : - Oui, m'avaient traitée de... quand j'ai quitté mon mari...

Fanny : - Pauvre Karine !

Karine : - On venait juste de se réconcilier, avec mes parents. Et le président a retrouvé sa femme et tout s'est terminé par le champagne à l'Elysée. Avec Théo arrivant main dans la main avec sa nouvelle compagne... Tu as deviné qui ?...

Fanny : - Hé oui !

Karine : - Et ils vont se marier, oui, Théo et Sarah !

Fanny : - Se marier ! Mais comme moi il a toujours considéré cette institution stupide, bourgeoise, misogyne.

Karine : - Ils vont se marier, ma puce en avait des larmes dans la voix. Cette Sarah l'a déclaré aux micros qui se tendaient à leur arrivée à l'Elysée.

Fanny : - L'Amour est plus fort que tout.

Karine : - Ça dépend pour qui.

Rideau - Fin

Auteur

Stéphane Ternoise est né en 1968. Il publie depuis 1991. Il est depuis son premier livre éditeur indépendant.

Dès 2004, il a proposé des livres numériques, en PDF. Mais c'est en 2011 seulement que les ventes dématérialisées ont démarré. Son catalogue numérique (depuis mi 2011 distribué par Immateriel) a ainsi rapidement dépassé celui du papier, grâce à des essais, des livres de photos... tout en continuant la lente écriture dans les domaines du théâtre et du roman. Depuis octobre 2013, et son « identifiant fiscal aux États-Unis », son catalogue papier tend à rattraper celui en pixels.
http://www.livrepapier.com ou
http://www.livrepixels.com

Il convient donc, de nouveau, d'aborder l'auteur sous le biais de l'œuvre. Ainsi, pour vous y retrouver, http://www.ecrivain.pro essaye de fournir une vue globale. Et chaque domaine bénéficie de sites au nom approprié :
http://www.romancier.net
http://www.dramaturge.net
http://www.essayiste.net

http://www.lotois.fr

Vous pouvez légitimement vous demander pourquoi un auteur avec un tel catalogue ne bénéficie d'aucune visibilité dans les médias traditionnels. L'écriture est une chose, se faire des amis utiles une autre !

Catalogue (le plus souvent en papier et numérique, parfois uniquement les pixels, le travail de mise en page papier demandant plus de temps que d'heures disponibles)

Romans : (http://www.romancier.net)
Le Roman de la révolution numérique.
Ils ne sont pas intervenus (le livre des conséquences) également en version numérique sous le titre *Peut-être un roman autobiographique*
La Faute à Souchon ? également sous le titre *Le roman du show-biz et de la sagesse (Même les dolmens se brisent)*
Liberté, j'ignorais tant de Toi également sous le titre Libertés d'avant l'an 2000)
Viré, viré, viré, même viré du Rmi
Quand les familles sans toit sont entrées dans les maisons fermées

Théâtre : (http://www.theatre.wf)
Théâtre pour femmes
Théâtre peut-être complet
La baguette magique et les philosophes
Quatre ou cinq femmes attendent la star
Avant les élections présidentielles
Les secrets de maître Pierre, notaire de campagne
Deux sœurs et un contrôle fiscal
Ça magouille aux assurances
Pourquoi est-il venu ?
Amour, sud et chansons
Blaise Pascal serait webmaster
Aventures d'écrivains régionaux
Trois femmes et un amour
La fille aux 200 doudous et autres pièces de théâtre pour enfants
« Révélations » sur « les apparitions d'Astaffort » Brel / Cabrel (les secrets de la grotte Mariette)

Photos : (http://www.france.wf)
Montcuq, le village lotois
Cahors, des pierres et des hommes. *Photos et commentaires*
Limogne-en-Quercy Calvignac la route des dolmens et gariottes
Saint-Cirq-Lapopie, le plus beau village de France ?
Saillac village du Lot
Limogne-en-Quercy cinq monuments historiques cinq dolmens
Beauregard, Dolmens Gariottes Château de Marsa et autres merveilles lotoises
Villeneuve-sur-Lot, des monuments historiques, un salon du livre... -Photos, histoires et opinions
Henri Martin du musée Henri-Martin de Cahors - Avec visite de Labastide-du-Vert et Saint-Cirq-Lapopie sur les traces du peintre
L'église romane de Rouillac à Montcuq et sa voisine oubliée, à découvrir - Les fresques de Rouillac, Touffailles et Saint-Félix

Livres d'artiste (http://www.quercy.pro)
Quercy : l'harmonie du hasard
Lot, livre d'art
Jésus, du Quercy
Les pommes de décembre
La beauté des éoliennes

Essais : (http://www.essayiste.net)
Le manifeste de l'auto-édition - Manifeste politico-littéraire pour la reconnaissance des écrivains indépendants et une saine concurrence entre les différentes formes d'édition
Écrivains, réveillez-vous ? - La loi 2012-287 du 1er mars 2012 et autres somnifères
Le livre numérique, fils de l'auto-édition
Aurélie Filippetti, Antoine Gallimard et les subventions contre l'auto-édition - Les coulisses de l'édition française révélées aux lectrices, lecteurs et jeunes écrivains
Réponses à monsieur Frédéric Beigbeder au sujet du Livre Numérique (Écrivains= moutons tondus ?)

Comment devenir écrivain ? Être écrivain ? (Écrire est-ce un vrai métier ? Une vocation ? Quelle formation ?...)
Amour - état du sentiment et perspectives
Le guide de l'auto-édition numérique en France
(Publier et vendre des ebooks en autopublication)
Copie privée, droit de prêt en bibliothèque : vous payez, nous ne touchons pas un centime - Quand la France organise la marginalisation des écrivains indépendants

Chansons : (http://www.parolier.info)
Chansons trop éloignées des normes industrielles
Chansons vertes et autres textes engagés
Chansons d'avant l'an 2000
Parodies de chansons - De Renaud à Cabrel En passant par Cloclo et Jacques Brel

En chti : (http://www.chti.es)
Canchons et cafougnettes (Ternoise chti)
Elle tiote aux deux chints doudous (théâtre)

Politique : (http://www.commentaire.info)
Ce François Hollande qui peut encore gagner le 6 mai 2012 ne le mérite pas
Nicolas Sarkozy : sketchs et Parodies de chansons
Bernadette et Jacques Chirac vus du Lot - Chansons théâtre textes lotois
Affaire Ségolène Royal - Olivier Falorni Ce qu'il faut en retenir pour l'Histoire - Un écrivain engagé, un observateur indépendant
François Fillon, persuadé qu'il aurait battu François Hollande en 2012, qu'il le battra en 2017

Notre vie (http://www.morts.info)
La trahison des morts : les concessions à perpétuité discrètement récupérées - Cahors, à l'ombre des remparts médiévaux, les vieux morts doivent laisser la place aux jeunes...

Cahors : Adèle et Marie Borie contre Jean-Marc Vayssouze-Faure - Appel à une mobilisation locale et nationale pour sauver les soeurs Borie...

Jeux de société
http://www.lejeudespistescyclables.com
La France des pistes cyclables - Fabriquer un jeu de société pour enfants de 8 à 108 ans
Le bon chemin pour Saint-Jacques-de-Compostelle
Autres :
La disparition du père Noël et autres contes
J'écris aussi des sketchs
Vive les poules municipales... et les poulets municipaux - Réduire le volume des déchets alimentaires et manger des oeufs de qualité

Œuvres traduites :
La fille aux 200 doudous :
- *The Teddy (Bear) Whisperer* (Kate-Marie Glover) - Das Mädchen mit den 200 Schmusetieren (Jeanne Meurtin)
- Le lion l'autruche et le renard :
- How the fox got his cunning (Kate-Marie Glover)

- Mertilou prépare l'été :
- The Blackbird's Secret (Kate-Marie Glover)

- *La fille aux 200 doudous et autres pièces de théâtre pour enfants (les 6 pièces)*
- La niña de los 200 peluches y otras obras de teatro para niños (María del Carmen Pulido Cortijo)

Mentions légales

Site officiel : http://www.ecrivain.pro

L'image de la couverture est extraite du tableau *le Printemps* de Sandro Botticelli, réalisé en 1482.

Dépôt légal à la publication au format ebook du 9 février 2011.

Imprimé par CreateSpace, An Amazon.com Company pour le compte de l'auteur-éditeur indépendant.
livrepapier.com

EAN 9782365415385
ISBN 978-2-36541-538-5
Trois femmes et un amour de **Stéphane Ternoise**
© **Jean-Luc PETIT - BP 17 - 46800 Montcuq -** FRANCE

www.ingramcontent.com/pod-product-compliance
Lightning Source LLC
Chambersburg PA
CBHW060041050426
42448CB00012B/3099